¡Mira cómo crece!

La vida de la abeja

Nancy Dickmann

Heinemann Library
Chicago, Illinois

www.heinemannraintree.com

Visit our website to find out more information about Heinemann-Raintree books.

To order:

☎ Phone 888-454-2279

💻 Visit www.heinemannraintree.com to browse our catalog and order online.

Edited by Rebecca Rissman, Nancy Dickmann, and Catherine Veitch
Designed by Joanna Hinton-Malivoire
Picture research by Mica Brancic
Production by Victoria Fitzgerald
Originated by Capstone Global Library Ltd
Printed and bound in China by South China Printing Company Ltd
Translation into Spanish by DoubleOPublishing Services

14 13 12 11 10
10 9 8 7 6 5 4 3 2 1

Library of Congress Cataloging-in-Publication Data

Dickmann, Nancy.
  [Bee's life. Spanish]
  La vida de la abeja / Nancy Dickmann.—1st editon.
      p. cm.—(¡Mira cómo crece!)
  Includes bibliographical references and index.
  ISBN 978-1-4329-5270-9 (hc)—ISBN 978-1-4329-5282-2 (pb) 1. Bees—Life cycles—Juvenile literature. I. Title.
  QL565.2.D5318 2010
  595.79'9—dc22   2010034118

Acknowledgments

We would would like to thank the following for permission to reproduce photographs: Shutterstock p. **4** (© Monkey Business Images); © NHPA p. **18** (Stephen Dalton); iStockphoto pp. **5** (© James Brey), **7** (© stachu343), **8** (© mikerogal), **9** (© Viktor Fischer), **11** (© stachu343), **16** (© Serdar Yagci), **17** (© Dainis Derics), **19** (Proxyminder), **22 left** (Proxyminder), **22 right** (© stachu343), **23 middle bottom** (© Dainis Derics), **23 top** (© stachu343); Nature Picture Library p. **20** (© Kim Taylor); Photolibrary pp. **6** (© Oxford Scientific (OSF)), **10** (age fotostock/© Don Johnston), **12** (Juniors Bildarchiv), **13** (Oxford Scientific (OSF)), **14** (Animals Animals/© Anthony Bannister), **15** (Oxford Scientific (OSF)), **21** (Phototake Science/© Scott Camazine), **22 top** (© Oxford Scientific (OSF)), **22 bottom** (Animals Animals/© Anthony Bannister), **23 middle top** (Oxford Scientific (OSF)), **23 bottom** (Phototake Science/© Scott Camazine).

Front cover photograph (main) of bees on a dandelion reproduced with permission of iStockphoto (proxyminder). Front cover photograph (inset) of a worker bee taking care of larvae reproduced with permission of iStockphoto (stachu343). Back cover photograph of a worker bee taking care of larvae reproduced with permission of iStockphoto (© stachu343).

The publisher would like to thank Nancy Harris for her assistance in the preparation of this book.

Every effort has been made to contact copyright holders of material reproduced in this book. Any omissions will be rectified in subsequent printings if notice is given to the publisher.

Contenido

Ciclos de vida

Todos los seres vivos tienen un ciclo de vida.

Las abejas tienen un ciclo de vida.

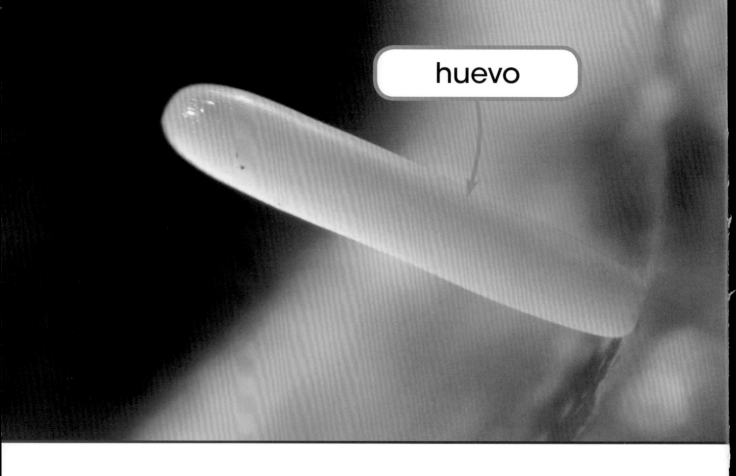

huevo

La abeja sale del huevo. Después la abeja crece.

cría

Una abeja cuida a las crías.

El ciclo de vida comenzó de nuevo.

Huevos y larvas

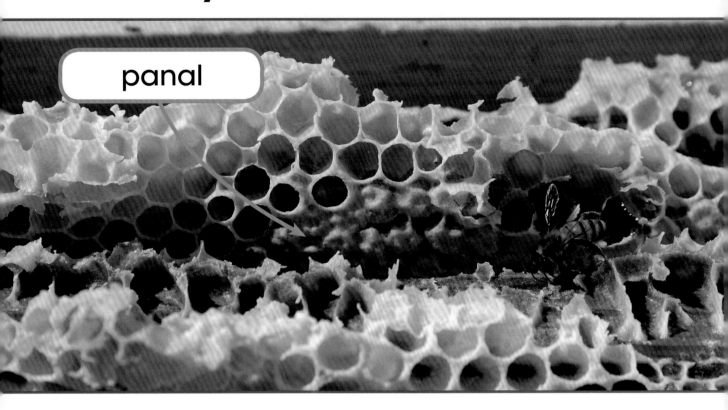

panal

Las abejas viven en un panal.

celda

Cada agujero del panal se llama celda.

abeja reina

La abeja reina pone huevos en
las celdas.

larva

De cada huevo nace una larva.

Convertirse en abeja

Las abejas adultas alimentan a las larvas.

celda cerrada

Las abejas cierran la celda.

La larva se transforma en abeja.

Después, la abeja sale de la celda.

Obreras, zánganos y reinas

Muchas de las larvas se convierten
en abejas obreras. Las abejas obreras
obtienen el alimento.

miel

Las abejas obreras producen miel para las larvas.

abeja obrera

zángano

Algunas larvas se convierten en
zánganos. Los zánganos no trabajan.

abeja reina

Algunas larvas se convierten en abejas reinas.

abeja reina

La abeja reina pone huevos.

larvas

El ciclo de vida comienza de nuevo.

El ciclo de vida de una abeja

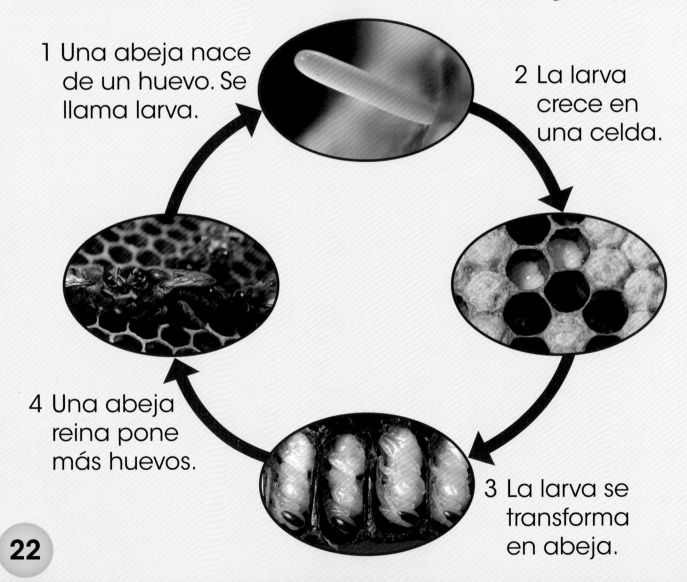

1 Una abeja nace de un huevo. Se llama larva.

2 La larva crece en una celda.

3 La larva se transforma en abeja.

4 Una abeja reina pone más huevos.

Glosario ilustrado

 **celda** hueco pequeño de un panal de abejas. En algunas celdas viven las larvas. En otras celdas se almacena miel.

 **salir del huevo** nacer de un huevo

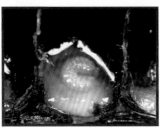 **miel** líquido dulce que fabrican las abejas para alimentar a sus crías

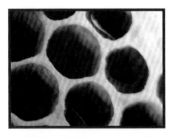 **larva** cría de un insecto, como la abeja. Las larvas no se parecen a las abejas adultas.

Índice

Nota a padres y maestros

Antes de leer

Pregunte a los niños si saben cómo se llama la cría del perro. Luego fíjese si pueden nombrar la cría del gato, del caballo, de la vaca, de la oveja y del cerdo. ¿Conocen el aspecto de la cría de una abeja? Comente que algunas crías de animales se ven como versiones pequeñas de los adultos y que algunas crías de animales se ven muy diferentes de los adultos.

Después de leer

• Hable con los niños sobre cómo se defienden las abejas. Explique que sólo pican si se las molesta: de no ser así, no hacen daño a las personas. Intente hacer una lista de otros animales que pican o muerden para defenderse.

• Lleve a la clase diversos tipos de miel para que los niños los prueben. Comente que cada miel tiene un sabor diferente debido a las flores que visitaron las abejas que la produjeron. Permita a los niños probar cada tipo de miel para ver cuál les gusta más y haga una tabla de conteo para registrar los resultados. También podría preparar sándwiches de miel para que los niños prueben una merienda saludable.